Buenas Noches Pequeño Doctor

POR DR. INTERGALÁCTICO

FOTOS DE VISOEALE
TRADUCIDO POR SRA. IVONNE MOREY

AD ASTRA MEDIA, LLC • VIRGINIA

www.adastrasteammedia.com

ISBN: 978-1-0879-7085-1
IMPRINT: INDEPENDENTLY PUBLISHED

Copyright © 2021 Ad Astra Media, LLC. All rights reserved. Independently published in the United States by Ad Astra Media, LLC and Jose Morey.

Buenas noches pequeño doctor
Que duermas profundo pequeño doctor

Necesitas tener tu descanso
Para que mañana rindas tu major trabajo

Hay muchos pacientes que atender

¿Cuantos?

¿Uno ó dos ó tal vez tres?

Huesos que arreglar, medicinas que recetar
Eres importante, pequeño doctor para ayudar la gente a vivir

Buenas noches pequeño doctor
Que duermas profundo pequeño doctor

El sueño es muy importante para descansar tus manos y tu mente

¿Quién cura a los enfermos? Bueno, por supuesto tú puedes doctor

Los doctores tratan el cáncer

y hacen vacunas

Ellos se aseguran que los oidos

y la nariz se mantengan limpio

Ellos atienden a niños, abuelos, mamás y papás

Ellos te hacen sentir major cuando estas enfermo

Buenas noches pequeño doctor
Que duermas profundo pequeño doctor

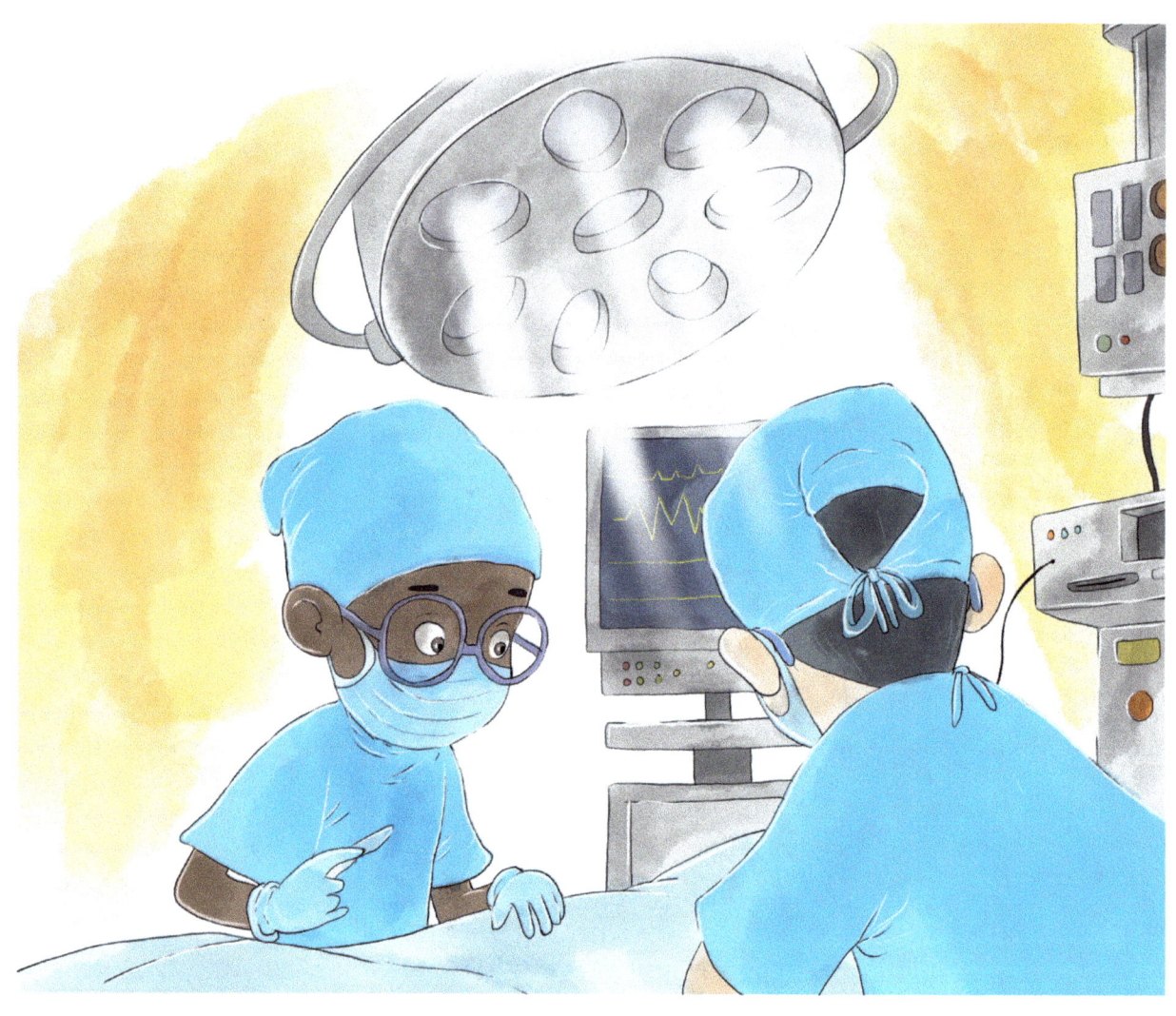

Mañana de pronto estaras en cirugías

Adonde sanarás otros chiquitines

como tú y como yo

Quizás necesites vendajes muy grandes también...

Los doctors sanan todo tipo

de heridas y golpes

Oh, tal vez te pondrán una injección

Duelen un poco...

¡Pero ayudan mucho!

Buenas noches pequeño doctor
Que duermas profundo pequeño doctor

Los médicos vienen en todos los tamaños y formas

Ellos te aconsejan que seas obediente

y te comas todas las uvas

Hay doctores pequeños en altura

y altos también

doctors que son niños y otros son niñas

Doctores que hablan inglés, español, francés y en todos los idiomas

Esto los ayuda a comunicarse con todos sus pacientes

Doctores que vienen de ciudades, islas y de todas partes del mundo

Hay algunos que corren patinetas, cantan y surfear las mareas

Buenas noches pequeño doctor
Que duermas profundo pequeño doctor

Mañana será un gran día...

Ad Astra Media, LLC es un S.T.E.A.M. de propiedad latina. empresa de medios y entretenimiento educativo que busca renovar la fé en los hechos y la razón y elevar a las comunidades minoritarias y desatendidas brindándoles modelos científicos a seguir en ciencia, tecnología, ingeniería, arte y matemáticas (S.T.E.A.M.) a los que pueden aspirar. Estamos compuestos por personas con experiencia en todos los niveles de producción de medios (T.V. y comercial) y se extiende tanto a la televisión tradicional (redes en español e inglés) como a los principales estudios de cine y servicios de transmisión. Tenemos memorandos de entendimiento con estudios de animación digital apoyados por la Space Foundation y que han trabajado con Disney y Pixar.

 Vea lo que viene a continuación en nuestra diversidad multilingüe S.T.E.A.M. serie infantil del Dr. Intergalactico,

Buenas Noches Pequeña Astrónoma   ¿Para Qué Son Las Lágrimas, Mamá?

America's Final Revolution:
Reconstructing Jefferson's American Dream of An Entrepreneurial Capitalist Society

Laurie Thomas Vass

Copyright © 2022 The Great American Business & Economics Press. GABBYPress

First edition. All rights reserved under Title 17, U.S. Code, International and Pan-American copyright Conventions.

No part of this work may be reproduced or transmitted in any form or by any means, electronic or mechanical, including photocopying, scanning, recording or duplication by any information storage or retrieval system without prior written permission from the author(s) and publisher(s), except for the inclusion of brief quotations with attribution in a review or report. Requests for reproductions or related information should be addressed to the author c/o Great American Business & Economics Press, 620 Kingfisher Lane SW, Sunset Beach, N. C. 28468.

Printed in the United States of America. April 2022

ISBN 978-0-5782-8239-8